NO
MORE
STRESS

Conception et réalisation : GRAPH'M

ISBN : 2-7528-0041-X
Code éditeur : T00041

Dépôt légal : septembre 2004
Imprimé à Singapour par Tien Wah Press

www.fitwaypublishing.com
Fitway Publishing
12, avenue d'Italie – 75627 Paris cedex 13

NO MORE STRESS

delphine barbier sainte marie
illustrations alain bouldouyre

fitway publishing

Sommaire

NO
STRESS

INTRODUCTION

Vous n'arrivez plus à vous lever le matin ? Vous avez envie de tuer la terre entière dès que vous touchez un volant ? Vous avez des pannes sexuelles inexpliquées ? Ce qui aggrave votre taux d'insatisfaction personnelle et vous transforme en bouledogue le reste de la journée ? Et – cochez la bonne case – vous vous réfugiez dans une consommation effrénée de cigarettes/barres chocolatées/café ? Vous vous sentez agressé en permanence, le monde entier vous en veut, jusqu'à votre voiture qui tombe en panne juste le jour où il pleut (louche, ça, non ?).
Vous faites partie des 28 % de travailleurs européens qui se plaignent de souffrir de stress* au travail. Soit 44 millions de personnes qui manifestent leur malaise professionnel en étant mal dans leur peau. Ils étaient 50 % au Canada en 2000 et 62 % en 2001.
Au-delà des conditions de travail toujours plus exigeantes dans un contexte d'incertitude sur la pérennité de son job, il faut ajouter une qualité de vie qui se dégrade, avec pollution, embouteillages, promiscuité, exiguïté, insatisfaction personnelle, peur de ne pas être à la hauteur, de ne plus pouvoir faire face… Le stress peut envahir tout le champ de votre vie.

LE STRESS : UN RISQUE À PRENDRE EN COMPTE…

Les personnes stressées sont :
– 3 fois plus susceptibles de subir des maladies liées au stress.
– 2 fois plus susceptibles de quitter leur emploi.
– 2 fois plus susceptibles d'être victimes d'épuisement professionnel.
– 2 fois plus susceptibles de faire régulièrement des heures supplémentaires.
(North Western National Life Company, 1992)

Stop ! Au lieu d'avoir à soigner un ulcère, un dos bloqué, un sommeil perturbé, une dépression..., on commence par respirer.

Prenez 1 minute : c'est le temps qu'il vous faudra chaque jour pour vous détendre. Vous en avez 3 ? Tant mieux. Vous pouvez vous dégager 1 heure ? Trois fois tant mieux.

Ce petit guide se veut votre ami : comment se dérider et s'oxygéner en même temps, en 1 minute par jour ? Comment évacuer les nœuds de stress en 1 heure par semaine ? Comment apprendre à ne plus se laisser déborder dans son planning professionnel en 1 mois ? Comment comprendre son propre fonctionnement pour gérer le stress au long cours ? *NO more stress* est votre allié : pas de grande théorie mais des gestes simples, expliqués, des trucs et des astuces que d'autres hommes partagent ici avec vous, des conseils et des avis d'experts pour vous donner le meilleur de l'efficacité anti-stress.

... QUI A UN COÛT SOCIAL
Québec :
4-5 Mia. Ca$
(SantéQuébec 98)
Canada :
20 Mia. Ca$
USA :
210 Mia. US$
En général : entre 2 et 4 % du PIB !
(ILO 2000)

* D'après l'enquête 2000, commandité par l'Agence européenne pour la sécurité et la santé au travail.

NO MORE STRESS

Le stress, c'est quoi au juste ?

Plus de 50 % des journées de travail perdues dans l'UE le sont à cause du stress.

Avant tout, il faut savoir que le stress est une réaction normale de l'organisme. D'après le psychologue canadien Hans Selye qui a imposé le terme en médecine, il s'agit d'une « réponse non spécifique et généralisée de l'organisme à toute demande d'adaptation qui lui est faite ». En langage clair, cela signifie que le corps tout entier se mobilise pour faire face à une situation inconnue, surprenante, imprévue, voire dangereuse.

Ce système d'alarme, directement hérité des « antennes » de nos ancêtres préhistoriques, nous aide à évaluer puis à apporter une réponse satisfaisante à ce que l'on a perçu comme un danger.

Le corps peut même varier sa réponse.

En cas de stress immédiat :

1re étape, la phase d'alerte : l'hypothalamus active le système nerveux jusqu'aux glandes surrénales qui sécrètent la fameuse adrénaline.

2e étape, l'action immédiate : deux réponses possibles, la fuite ou la lutte.

Pendant ce temps, notre corps « en plein tocsin » laisse apparaître des symptômes : palpitations, transpiration, maux d'estomac, spasmes

musculaires, mains et pieds froids. Il n'a alors qu'un seul but : oxygéner le cerveau et les muscles.

En cas de stress chronique :

1re étape : l'hypothalamus active le système sanguin jusqu'aux glandes surrénales qui libèrent du cortisol.

2e étape, action progressive : le but est de stimuler la synthèse des glucides pour aider l'organisme à lutter, notamment en maintenant ses défenses immunitaires pour se protéger des agents infectieux, en réduisant la douleur et la fièvre.

Cependant, au-delà d'un certain seuil, le stress devient nocif. Ce « méchant » stress surgit « lorsqu'il y a déséquilibre entre la perception qu'une personne a des contraintes que lui impose son environnement et la perception qu'elle a de ses propres ressources pour y faire face** ».

Nous y voilà. À partir de là, le stress va affecter notre santé physique au point de mener, parfois, à des crises de panique, d'anxiété, à la perte des défenses immunitaires, l'apparition de diabète, d'hypertension artérielle, voire à une dépression ou un accident cardio-vasculaire.

** D'après l'Agence européenne pour la sécurité et la santé au travail.

Repérez les symptômes

Plus d'un tiers de *la population active* (35 %) déclare recevoir des ordres contradictoires.

✓ Une vision négative de soi et des autres : on est insatisfait, on se sent victime, coupable, déçu, amer, incompris, négligé, méprisé. Comportement de repli sur soi, voire agressif et violent.

✓ L'enfer au travail : outre l'insécurité de l'emploi, le nouveau credo de la flexibilité et des licenciements économiques comme technique de gestion est un fort facteur stressant. On a le sentiment d'être dépassé, étranglé par les délais, de ne plus rien maîtriser, d'avoir des difficultés à donner son avis, à recevoir une critique, à dire non. Cibles particulières, les cadres intermédiaires, qui subissent la pression d'en haut avec les *top managers* et la pression d'en bas avec leurs équipes. Ainsi que tout employé soumis aux méthodes « managériales » très en vogue, fondées sur l'autonomie de chacun et la culture du résultat.

✓ Enfin, si vos troubles s'installent et/ou laissent place à des troubles physiques (maux de ventre, mal de dos, troubles du sommeil), une visite médicale s'impose. Votre médecin pourra identifier par un examen approfondi s'il s'agit d'une déprime passagère ou d'une dépression.

Plus d'un travailleur sur deux (54 %) a un rythme de travail imposé pour satisfaire une demande immédiate.

Un travailleur sur trois (30 %) se plaint de stress avec le public.

Le stress au travail

Dix conseils pour l'éviter

1 – Prévoir dans son planning un temps pour les impondérables.

2 – Ne pas traiter de front plusieurs tâches à la fois.

3 – Différer la demande de prise en charge d'un problème rencontré par un collaborateur.

4 – Ne pas avoir peur de dire non.

5 – Différer systématiquement ses réponses aux e-mails et appels téléphoniques pour se donner le temps de réfléchir.

6 – Déléguer une partie de ses fonctions pour se concentrer sur celles où l'on apporte une réelle valeur ajoutée.

7 – Savoir perdre du temps à expliquer un travail pour en gagner ensuite.

8 – Se ménager des perspectives d'évolution à court et moyen terme pour se motiver.

9 – Se préserver des lieux et des moments d'échange avec d'autres salariés pour évacuer le stress.

10 – Faire des bilans réguliers sur son poste et ses souhaits avec son manager.

(Source : Gereso, cabinet en ressources humaines)

Plus d'un travailleur sur deux (52 %) travaille dans l'urgence.

Près d'un quart des travailleurs (23 %) ont un délai de moins d'une heure pour effectuer la tâche demandée.

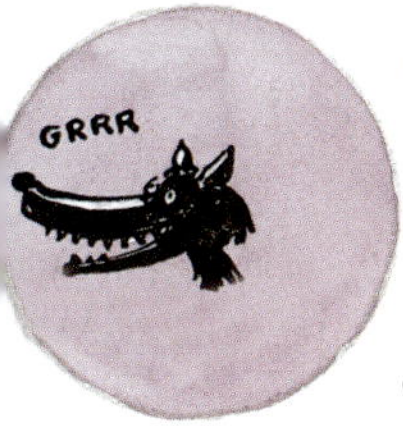

Sachez reconnaître vos faux amis, les « pollueurs »

Le portable a changé votre vie, l'e-mail a transformé votre façon de travailler. Oui, mais dans quel sens ? Notre culture de l'immédiateté, « tout de suite », « maintenant », « pour hier », est un puissant facteur de stress. Trouvez-vous normal de travailler avec le combiné téléphonique coincé sur votre épaule tordue, tout en tapant un e-mail et en répondant à un collègue qui ne prend pas la peine d'attendre que vous ayez fini votre conversation ? Vous serez d'autant plus efficace si vous savez sauvegarder votre espace-temps, en sériant les priorités (le courrier après votre première tâche), en hiérarchisant l'urgent et l'important (la préparation de la réunion avant la note de synthèse pour Durand) et en donnant rendez-vous à votre interlocuteur plus tard, lequel règle bien souvent seul ce qui n'était pas un problème.

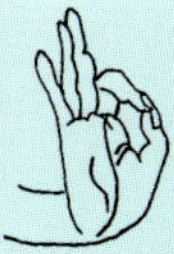

Mon truc pour gérer mon temps

Hervé, 38 ans, haut fonctionnaire dans un cabinet ministériel.

« Le plus difficile est d'établir un rapport qualité/temps pour chacune des tâches que j'ai à faire. Il faut accepter de ne pas être bon partout et tout le temps. Et toujours passer à la mission suivante. Tant pis si on a été ridicule lors d'une réunion. On sera meilleur sur une autre. Avec mes collègues, je vérifie toujours le caractère d'urgence des dossiers qu'ils me transmettent. Ce sont pour les deux tiers des urgences qui n'en sont pas. Vis-à-vis des demandes de mon patron, je veille à distinguer l'urgent de l'important. Même si j'avoue que, pour me doper, j'aime jouer avec le stress (je me fais des scénarios catastrophes), c'est moi qui reste maître du processus. »

Test : quel stresse

Faites ce petit test qui vous aidera à y voir plus clair dans la stratégie à adopter.

1 - Lundi matin, vous commencez votre journée de travail :

A - Vous avez récapitulé toute la nuit les problèmes que vous auriez à gérer et attaquez bille en tête.

B - Vous faites le tour de vos collaborateurs pour les saluer et faites le point avec votre assistante sur les priorités.

C - Vous commencez par prendre un bon café à la machine pour y voir plus clair et discuter de votre week-end avec vos collègues.

2 - Réunion improvisée pour tout le monde, votre présence est indispensable :

A - Encore du temps perdu ! Vous trépignez (intérieurement) de colère et passez la réunion la tête dans vos dossiers, les yeux rivés sur l'heure.

B - Vous prévoyez des heures sup. ce soir et arrivez à la réunion en annonçant que vous n'avez pas beaucoup de temps.

C - Vous déléguez la tâche que vous étiez en train de gérer et partez à cette réunion bien décidé à n'y consacrer qu'une heure, quitte à partir en cours de route.

...êtes-vous ?

3 - VENDREDI, À MIDI, LE CLIENT TRUCMUCHE VEUT TOUT CHANGER AU DOSSIER QUI DOIT PARTIR CE SOIR :

A - Proche de la syncope, vous hurlez au téléphone qu'il a eu tout loisir depuis un mois de valider vos propositions et raccrochez au nez de ce foutu incompétent.

B - Vous tentez de le raisonner en vain et lui proposez un compromis. Votre week-end est foutu, il ne vous reste plus qu'à trouver la solution miracle.

C - Vu l'enjeu, vous lui faites valoir que vous êtes obligé d'en référer à votre supérieur qui, seul, décidera de la marche à suivre. Vous partez en week-end à l'heure prévue.

4 - VOTRE PATRON VOUS A PROPOSÉ UNE PROMOTION QUI IMPLIQUE UNE SURCHARGE IMPORTANTE DE TRAVAIL ET VOUS PROMET UN ADJOINT BIENTÔT :

A - Vous avez mal au cœur rien que d'imaginer vos futures journées, mais vous ne voulez pas décevoir votre patron qui reconnaît enfin vos mérites.

B - Vous négociez l'arrivée de l'adjoint et balisez vos nouvelles responsabilités en demandant d'être déchargé de certaines tâches.

C - Vous faites valoir que les conditions n'y sont pas : cela correspond à deux postes et nécessite une équipe et un budget à part, en plus d'un salaire plus conséquent.

5 - À VOUS DE METTRE EN ŒUVRE LES NOUVEAUX OBJECTIFS DE L'ENTREPRISE : IL FAUT ALLÉGER LES CHARGES SALARIALES ET DÉVELOPPER LES ACTIVITÉS :

A - Vous entrez en trombe dans le bureau de votre supérieur : de qui se moque-t-on ? « Comment je fais, moi, avec cette "quadrature du cercle" ? »

B - Vous vous mettez à avoir des sueurs froides et un rythme cardiaque accéléré devant la « mission impossible ». Mais vous n'avez pas le droit « d'exploser en vol ». À qui en parler ?

C - Vous vous forcez à la réflexion et envoyez à vos supérieurs une note de synthèse sur les risques de la mission en dégageant votre responsabilité en cas d'échec.

6 - VIVE LE WEEK-END !

A - Aaaah, dormir, manger, surtout ne voir personne !

B - Aaaargh, pourvu que les enfants nous laissent dormir !

C - Ouuuais, vivement la fièvre du samedi soir !

7 - À LA MAISON, C'EST L'HEURE DE COUCHER LES ENFANTS. UNE FOIS, DEUX FOIS, TROIS FOIS : ILS NE SEMBLENT PAS CONNAÎTRE VOTRE LANGUE :

A - Vous vous mettez à sangloter comme un petit garçon.

B - La paix ! Vous claquez la porte de votre chambre : puisque c'est comme ça, votre femme n'a qu'à s'occuper de SES enfants !

C - Vous proposez de faire la course : le premier qui sera dans son lit, dents brossées, mains lavées, aura une histoire.

8 - LE SOIR, QUAND VOUS RENTREZ, VOUS ASPIREZ À :

A - Surtout ne pas parler. La télé, rien de mieux pour oublier.

B - Retrouver votre femme pour partager vos soucis.

C - Retrouver votre famille. Le boulot n'a pas droit de cité à la maison.

9 - VOUS SENTEZ QUE VOTRE FEMME VEUT VOUS PARLER :

A - Vous montrez les dents.

B - Vite, vous descendez la poubelle.

C - Vous tendez une « demi-oreille ».

10 - AU LIT, « GENTE DAME » SE FAIT CÂLINE :

A - Vous appréhendez ce moment : la dernière fois, ça a été la panne sèche. D'ailleurs, vous n'avez vraiment pas envie.

B - Vous bâillez ostensiblement et offrez un splendide « dos tourné » à votre partenaire.

C - Ça tombe bien, votre adrénaline est au plus haut.

Comptabilisez vos réponses

Si vous avez une majorité de A :

CE LIVRE EST FAIT POUR VOUS

Vous êtes au bord de la crise de nerfs, vous avez des envies de meurtre dès que vous prenez le volant, vous fumez sans même vous en apercevoir votre paquet de cigarettes. Le matin, vous ne comprenez pas pourquoi : 1. vous avez toujours autant de mal à vous lever alors que vous avez acheté deux réveils, 2. le café ne vous fait plus d'effet, 3. on s'acharne à vous cacher vos affaires. C'est le moment qu'on choisit pour vous demander des trucs invraisemblables : poster une lettre, emmener le petit dernier à l'école, faire le chèque des impôts. « Tu ne te rends pas compte que je n'ai pas que ça à faire ! » hurlez-vous à celle qui partage votre vie. Pourquoi vous en veut-on à ce point ? Et la journée n'a pas commencé. Stop ! À ce train-là, vous n'allez bientôt plus pouvoir faire face à votre job et à votre famille. Vous « disjonctez » littéralement, n'avez plus de recul sur rien, devenez même mauvais dans votre job, êtes invivable pour les autres, qui vous le rendent bien. Vous vous autodétruisez.

Si vous avez une majorité de B :

CE LIVRE EST AUSSI FAIT POUR VOUS

Vous êtes le stressé à tête d'autruche. La panique, chez vous, a le visage de la fuite. Vous vous êtes laissé submerger par les problèmes, les responsabilités, les objectifs à court, moyen et long terme, les injonctions contradictoires de votre hiérarchie, et vous savez que vous allez droit dans le mur ou, en tout cas, c'est ce que vous pensez. Vous ne dormez plus, ne prenez plus de plaisir à rien, vous avez des aigreurs d'estomac, des sueurs froides dès que vous mettez le pied dans votre entreprise et le cœur battant dès que votre patron fait mine de vous aborder. Le dimanche soir, vous vous sentez mal en pensant à ce qui vous attend le lendemain et vous vous renfermez dans un silence pesant. Personne ne peut vous aider, encore moins vous-même. C'est l'impasse, et vous vous sentez piégé dans une pièce dont le toit s'abaisse irrémédiablement. Au lieu de demander de l'aide, vous êtes paralysé. Le crash est pour bientôt. D'ailleurs, vous l'attendez presque comme une délivrance.

Si vous avez une majorité de C : **VOUS ÊTES FAIT POUR CE LIVRE**

Vous êtes un stressé conscient de l'être. Vous tâchez de gérer les situations au mieux, même si cela vous demande un effort immense. Vous avez compris intuitivement que la seule façon de s'en sortir est de parler, de briser le mur du silence pour ne pas sombrer. De dire non quand, vraiment, trop c'est trop. Pas mal. Mais, parfois, alors que vous recherchez le bon stress, celui qui va aiguillonner votre action, vous dérapez et êtes fatigué de vivre dans les quarantièmes rugissants, la main cramponnée à la barre du bateau, des paquets d'eau dans la figure. Et si l'on retrouvait un peu de sérénité ? Il suffit de peu de choses.

Vous avez un corps

Avant de vous lancer dans de grands programmes de remise en forme que vous allez abandonner au bout de quelques semaines, il est urgent de… vous arrêter. Votre corps a deux « maux » à vous dire.

e saviez-vous ?

Rien ne peut être entrepris si vous ne comprenez pas que le corps et l'esprit sont à considérer de façon globale. Si vous vous payez une heure de massage en vous disant que vous pourrez, pendant ce temps, réfléchir à la façon dont vous allez demander une augmentation à votre *boss*, laissez tomber. Échec sur toute la ligne : perte de temps, d'argent et d'efficacité.

Vous ricanez déjà en vous disant que vous n'avez pas le temps pour ce genre de futilité ? Grossière erreur. Gérer son stress, c'est d'abord une prise de conscience : vous n'êtes qu'un être humain et, comme tout être humain, vous avez des limites qui ne peuvent être dépassées sous peine d'être menacé d'un *burn out*, comme disent les Américains, ou d'un *karoshi*, dans la version japonaise.

Voici testées pour vous les techniques des experts, les astuces d'hommes soumis à de grands stress. Il s'agit de gestes et de postures, de réflexes à acquérir, qui ne demandent aucune compétence particulière, excepté votre motivation. En échange, les bénéfices physiques sont immédiats. Mais ne comptez pas obtenir d'effets durables. La pratique doit être régulière. Nous en sommes juste à la prise de conscience et à l'initiation.

Vous avez 1 minute ?

Des trucs « tout bêtes », tellement naturels qu'on a oublié depuis longtemps qu'ils étaient nos premiers antidépresseurs : 100 % bio, juste taillés pour nous et sans effets secondaires. Voici des astuces « testées et approuvées » par nos experts.

1
Rire, bien sûr

Dans la voiture, sous la douche, devant la télé, à table, en public ou en privé. Bref, faites marcher vos zygomatiques. C'est prouvé : vous irez mieux. D'après Bernard Raquin, l'inventeur en France des cours d'humour : « Le rire déclenché est une véritable hygiène mentale et physique puisqu'il a les mêmes vertus que le rire spontané. » Sur le plan physique, le diaphragme se met en action, puis secoue le corps et surtout oxygène le cerveau. Oui, mais comment ? « Il faut expirer de façon saccadée en accélérant le rythme. Puis le corps récupère l'oxygène dont il a besoin. Vient le halètement qui imite le rire silencieux des ouistitis. Ne reste plus qu'à mettre les "ah, ah" qui permettront d'ouvrir grand la bouche et de faire fonctionner le ventre. »

***Les bienfaits** : détente du corps et de l'esprit, bonne humeur. À faire 10 fois dans la journée.*

2
Chanter

Pour une fois, ouvrez grand la bouche. La mécanique est la même que celle du rire : le diaphragme est sollicité, une respiration active s'installe, qui va oxygéner le corps. Que vous chantiez faux ou juste n'a aucune importance.

Les bienfaits : *oxygénation du cerveau par la respiration par le ventre.*

3
Bâiller

Contrairement à tout ce qu'on a pu vous dire quand vous étiez petit, il est bon de bâiller. Il ne faut jamais entraver ce réflexe. C'est un signal que vous lance votre corps : « Je suis bien », « Je me relâche. »

Les bienfaits : *technique ultra rapide de relaxation si vous prenez soin d'étirer vos membres et de garder une posture en extension, ce qui est tonifiant pour le corps. À l'inverse, en ramenant les jambes vers vous, vous êtes en position de détente et de calme.*

4
Crier

À conseiller chez soi toutes portes fermées ou dans sa voiture sur l'autoroute. Qu'il soit primal ou non, le cri est un « nettoyeur » psychologique et nerveux qui joue le rôle de soupape de sécurité.

Les bienfaits : *relâchement.*

5
Écouter de la musique

Tous les spécialistes vous le diront : la musique de Mozart est immunostimulante, alors que la techno, qui fait subir au corps des vibrations trop rapides, est immunodépressive.

Les bienfaits : *depuis 20 ans, les hôpitaux utilisent la musicothérapie pour traiter l'anxiété, l'insomnie, voire la dépression. La musique sert aux patients à se sortir de leur isolement et à oublier leur corps.*

6
Marcher sur un tapis de réflexologie

En plastique et couvert de picots, on l'achète en pharmacie. On marche, on sautille dessus pendant qu'on se brosse les dents ou qu'on se rase.

Les bienfaits : *stimulation des points réflexes et entretien du système digestif.*

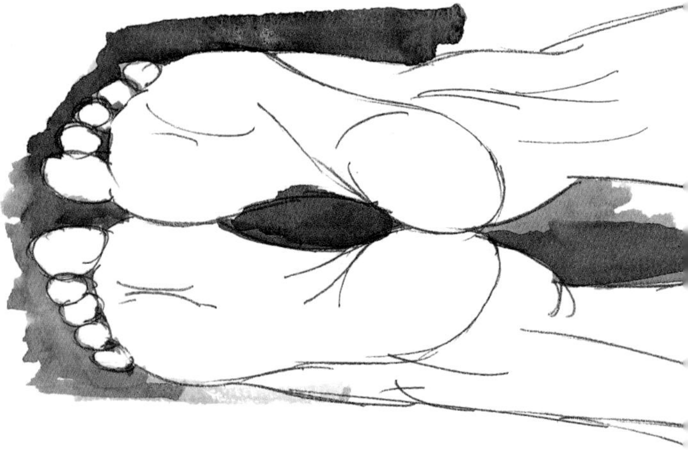

7
S'étirer les orteils

Geste de réflexologue, on les tire un à un vers la gauche, la droite, tout en les faisant tourner dans le sens des aiguilles d'une montre.

Les bienfaits : *détente du corps entier. En effet, dans cette technique chinoise, le pied, avec ses 7200 terminaisons nerveuses, représente le corps.*

8
Agir sur le plexus solaire

Le milieu de la voûte plantaire correspond au plexus *(voir p. 56)*. On masse ce point, sur les 2 pieds, dans le sens des aiguilles d'une montre.

Les bienfaits : *soulagement du système digestif (intestin, côlon).*

9
Détecter la « boule de stress »

Situé entre le 1er et le 2e orteil, ce point, qui porte bien son nom, est à masser énergiquement.

***Les bienfaits** : très sensible, ce point, une fois massé, soulage la nuque.*

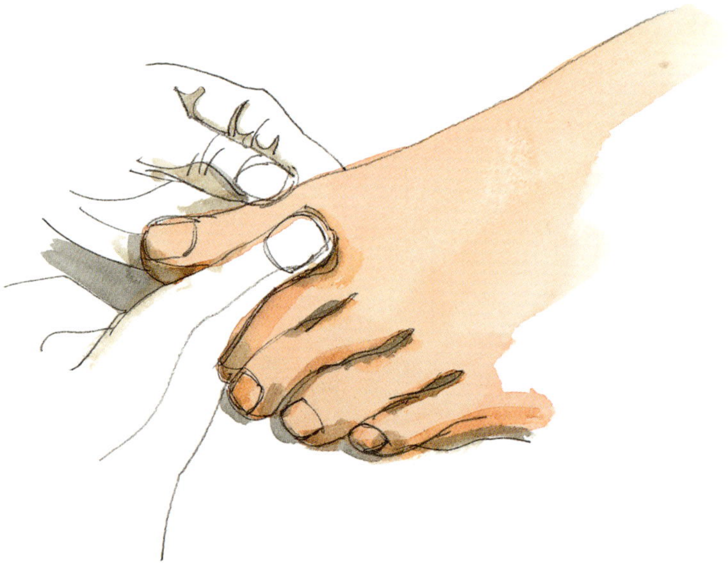

10
Se tirer l'oreille

Pincez et étirez vers le bas les lobes d'oreilles. En réflexologie, on dit que l'on travaille « sur la porte des oreilles ». On finit par un massage du coin interne de l'oreille, puis de la porte en petites vibrations.

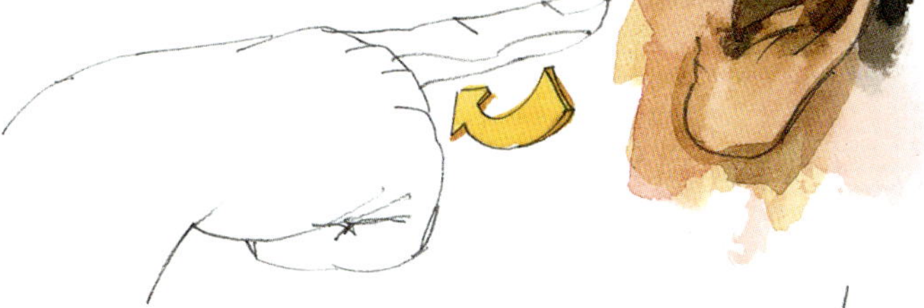

Le massage de l'oreille interne correspond à la colonne vertébrale.

On pince l'oreille dans un mouvement arrondi jusqu'en bas.

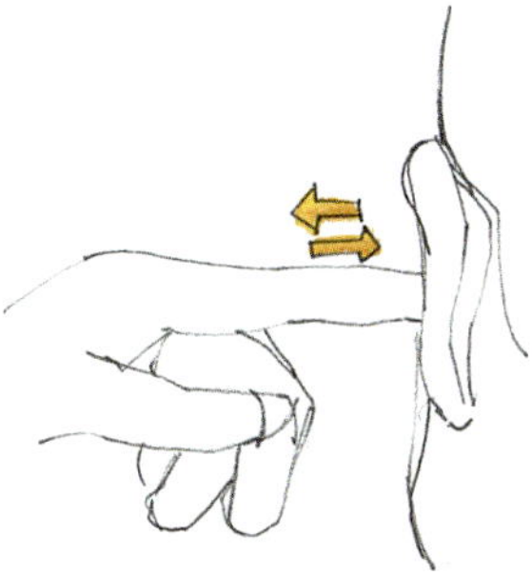

Les vibrations jouent directement sur le cerveau. Le massage de cette zone réflexe permet de revitaliser les fonctions cérébrales.

« Je me conditionne mentalement »

Hervé, 38 ans, haut fonctionnaire dans un cabinet ministériel.

Je cloisonne : « Je fais une séparation mentale et physique entre mon travail et mon domicile. Quand je franchis le seuil de chez moi, je me conditionne à fermer ma pensée à tout ce qui est professionnel. »

Je protège mon sommeil : « J'ai des techniques pour m'endormir en m'entourant de pensées positives. J'interdis même à ma femme de me parler sur l'oreiller de ce qui fâche. »

J'infuse : « Je soigne mes aigreurs d'estomac avec une tisane à base de badiane, fenouil, anis verte et papaye, que je trouve dans des magasins bio. »

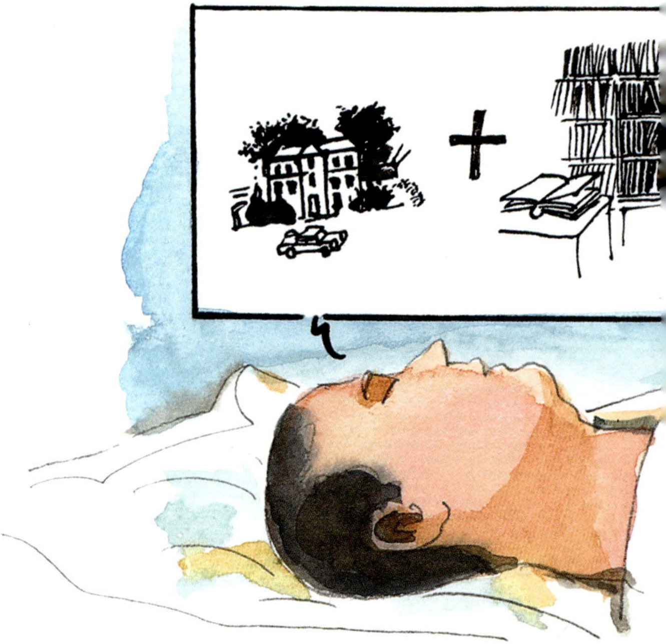

Mon truc pour m'endormir

Hervé, 38 ans, haut fonctionnaire dans un cabinet ministériel.

« Je me remémore un lieu de mon enfance où j'ai été heureux et je m'applique à revisiter la maison dans ses moindres détails. Je farfouille dans la bibliothèque, je regarde derrière les rideaux, j'ouvre les placards… Ça marche à tous les coups. On peut aussi appliquer ça aux parties du corps. On part des pieds et, centimètre carré par centimètre carré, on remonte jusqu'à la racine des cheveux. En général, on n'a pas le temps d'arriver à la tête. »

Vous avez 5 minutes ?

La respiration

La relaxation s'appuie sur la respiration, la concentration et la perception de chaque partie du corps et des différentes fonctions de l'organisme. Apprenez à respirer pour évacuer, vous protéger, relativiser et redéfinir une distance entre vous et ce qui vous agresse.

Le yoga

À la base de toutes les techniques de relaxation, le yoga s'exerce à rebours de ce que vous avez l'habitude d'être et de faire : « avec lenteur, douceur et conscience », comme le résume Jean-François de Righetti, relaxologue et professeur de yoga. « Tous les sports violents ont des conséquences inverses à celles recherchées et provoquent des tensions. Sachez que le corps va se détoxiquer à 70 % grâce à la respiration, à 28 % grâce aux organes qui filtrent, comme le rein et le foie, et à 2 % par la sudation... Car la respiration est un véritable massage de tout le système ventral, très sensible au stress. »

Le principe

Le hatha yoga signifie l'union (« yoga ») du soleil (« ha ») et de la lune (« tha »). Le yoga est un long cheminement qui mène à la méditation et à la béatitude. Il est fondé sur le principe de l'énergie. Son but est de réapprendre à respirer pour mieux concentrer l'énergie et la rééquilibrer dans le corps. Le yoga, d'origine indienne, repose sur des principes d'énergie que l'on retrouve dans la médecine chinoise traditionnelle. Un homme en bonne santé est celui dont l'énergie circule sans frein ni déséquilibre et qui réunit le yin (l'élément féminin, la lune) et le yang (l'élément masculin, le soleil). Cette pratique vise l'apprentissage d'une attitude anti-stress grâce à des techniques de respiration.

Une respiration complète se décompose en 3 niveaux : abdominale, thoracique et sous-claviculaire. Une fois qu'on a acquis de la pratique, le but est d'arriver à lier ces 3 respirations dans un mouvement de vague qui monte et redescend.

Comment respire-t-on, dans le yoga ? Eh bien, non ! Pas comme vous et moi.

« Lâchez prise »

Jean-François de Righetti, relaxologue.

« Avant même de commencer les exercices de respiration, la première des choses est de prendre conscience de ce qui est tendu. Le mental a une grosse voix, le corps une toute petite, il faut tendre son oreille intérieure. Comment ? En devenant spectateur de ses propres pensées. À l'image des nuages que vous regardez dans le ciel et que vous ne pouvez pas retenir. Fermez les yeux au point de voir un écran noir, comme au cinéma. »

***Les bienfaits** : « Cet exercice vous aidera à calmer votre mental tout en découvrant votre corps. »*

Exercice numéro 1

Shavasana, la posture du cadavre

Allongez-vous sur le dos, au sol, pour prendre conscience de votre corps et identifier vos tensions. La cage thoracique ne doit pas être comprimée : pour cela, tournez les paumes vers le ciel et écartez les jambes. Le menton est rentré pour étirer les cervicales. Vous pouvez désormais entamer l'exercice numéro 2.

Vous êtes dans un désert infini, devant vous les Pyramides !

NE VOUS ENDORMEZ PAS…

Exercice numéro 2
Gonfler le ventre

Cette technique de respiration pratiquée naturellement par les bébés, grands yogis devant l'Éternel, consiste à n'utiliser que son nez à l'inspiration. Elle permet l'ouverture de la cage thoracique, qui dilate les poumons. Une inspiration, et le diaphragme descend ; une expiration, le diaphragme remonte vers les poumons, le ventre redescend.

Les bienfaits : *spécial anti-stress, la respiration abdominale est très importante. C'est au niveau de l'estomac que l'on ressent les premiers troubles du stress, avec des spasmes du diaphragme.*

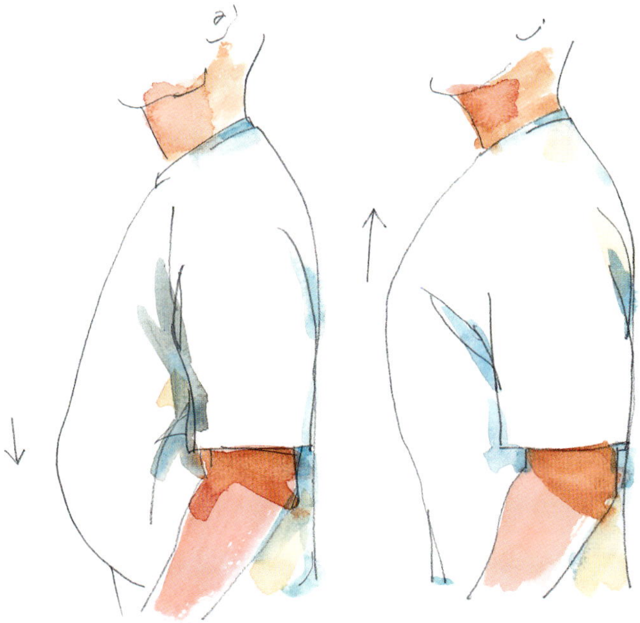

Exercice numéro 3
Nadichodan

On se concentre sur les deux narines pour une respiration alternée. Inspirez de la narine droite (siège du yang, tonifiante), expirez de la narine gauche (siège du yin, calmante). Puis inversez, en inspirant de la narine gauche et en expirant de la narine droite.

Les bienfaits : *calmant et rééquilibrant… si et seulement si on ralentit sa respiration au maximum !*

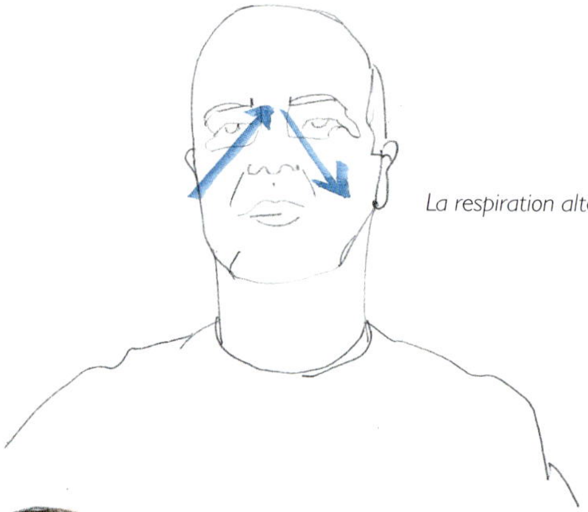

La respiration alternée.

Exercice numéro 4
« Le bateau »

Dans la posture du cadavre, on contracte tout à l'inspiration. Puis on laisse tout retomber à l'expiration. À faire 3 ou 4 fois de suite.

***Les bienfaits** : pour les grands nerveux, une relaxation flash.*

Poings très serrés.

Le bateau.

Mon truc pour être à 100 %
avant un rendez-vous important : relaxation express

Hervé, 38 ans, haut fonctionnaire dans un cabinet ministériel.

« Le but est de se vider la tête de toute pensée. C'est un exercice que je pratique dans le bus avec un chapelet, mais n'importe quel autre outil doté de 10 entailles fait l'affaire. Je récite par cœur un poème 10 fois, en inspirant par le nez et en expirant par la bouche, le tout les yeux fermés. Chaque phrase doit correspondre à un mouvement. Il faut donc que le poème comporte une douzaine de strophes, pas trop longues. Cet exercice de méditation doit durer 5 minutes. »

Mon truc pour les lendemains de stress

Patrick, 41 ans, militaire, ancien responsable au sein des forces spéciales.

« Avant l'action, je ressentais un pic d'adrénaline, après l'action, une espèce de creux et une difficulté à gérer les jours qui suivaient nos opérations. Je perdais le sommeil et l'appétit. Mon expérience des arts martiaux m'a appris à utiliser et à recharger les énergies du corps par une respiration adaptée. Assis ou debout dans un coin, je me concentrais, les yeux fermés, sur une respiration abdominale : j'inspirais profondément et j'expirais en me vidant visuellement de mes pensées négatives. »

À faire deux fois 10 minutes dans la journée et une fois 15 minutes le soir au lit.

NO MORE STRESS

La relaxation

Le *training* de Schültz

Le docteur Schültz, élève de Freud, a développé des exercices de relaxation entre 1908 et 1912. À faire où on veut quand on veut, en visualisant chaque phrase et en sentant chacune des parties du corps mentionnées ci-dessous.

Je m'installe confortablement derrière mon bureau. Les yeux fermés, tout à fait calme.

1. Mes bras sont lourds.
2. Mes mains sont chaudes.
3. Mon cœur bat calmement et régulièrement.
4. Je me laisse aller au rythme de ma respiration.
5. Mon plexus solaire est chaud.
6. J'imagine sur mon front un souffle d'air frais.

Pour clore la séance, je respire 3 fois en repliant les avant-bras.

Le do-in

Cette méthode est issue du shiatsu, une technique née au Japon et dérivée de la médecine chinoise. Fondé sur le principe que le corps est traversé par 12 méridiens (des lignes d'énergie), le shiatsu reprend les points travaillés en acupuncture, mais les doigts remplacent les aiguilles. Le do-in est, comme son nom l'indique (en japonais), un automassage. Pas besoin d'être un grand shiatsuchi pour s'offrir ce moment de détente.

Voici 4 mouvements choisis pour leur simplicité, que vous pouvez pratiquer au bureau sans susciter autour de vous des interrogations sur votre santé mentale.

1. On s'étire

Assis à califourchon sur une chaise, saisissez les muscles du cou à pleine main. Pressez et étirez doucement, comme si vous vouliez « décrocher » vos muscles. Répétez ce mouvement en haut, au milieu et en bas du cou.

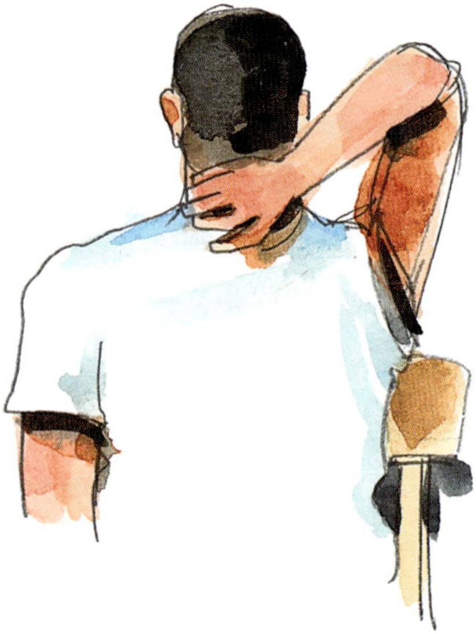

2. On se relaxe

Assis à califourchon sur une chaise, attrapez le muscle de l'épaule droite à pleine main et étirez-le comme si vous vouliez le faire passer devant l'épaule. Relâchez et recommencez 3 fois avant de faire la même chose avec l'épaule gauche.

Le do-in, un automassage que l'on peut faire partout, en toute discrétion.

3. On se détend

Debout, les jambes légèrement écartées (veillez à ce que rien ne vienne vous comprimer), faites de petites pressions au niveau de votre taille en suivant l'os de la hanche. Du milieu du dos vers l'extérieur, de part et d'autre de la colonne vertébrale.

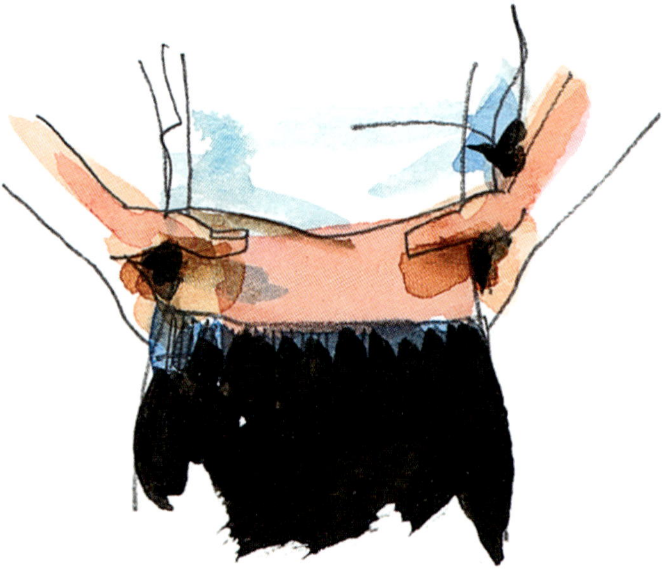

4. On se réveille !

Sur le sommet du crâne, jouez des (petites) percussions, la main en position relâchée. Avec les 5 doigts, effectuez des tractions sur le cuir chevelu, en alternant les mains, ou martelez votre crâne avec les poings relâchés. Variez l'intensité et la fréquence des mouvements.

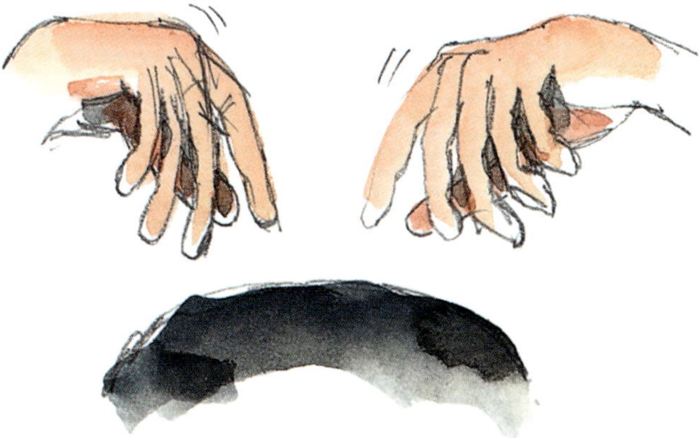

Les gouttes de pluie.

Vous avez 30 minutes ?

Le yoga nidra

Trente minutes de sommeil équivalent à 1 h 30

D'après Jean-François de Righetti, ce yoga, dont le nom signifie « endormissement, sommeil psychologique », équivaut à un sommeil profond d'une heure et demie.

« Il consiste à faire décrocher le mental. Le but est de transporter la personne dans un état entre veille et sommeil. Le cerveau se met en ondes alpha, les mêmes que celles du sommeil profond. Au départ, faites-le avec un

professionnel mais, rapidement, vous pourrez le pratiquer n'importe où, n'importe quand. Vous serez capable de percevoir les bruits alentour tout en étant dans un état de repos intérieur. Ce yoga apprend à habiter son corps. Quand vous aurez de la pratique, la "salutation au soleil" est à faire 4 ou 5 fois chaque matin. »

1. La chandelle.

2. Le crocodile.

3. Le poisson échoué.

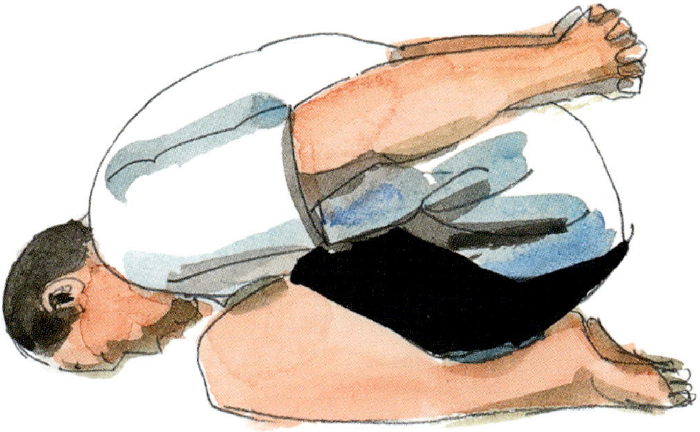

4. La salutation au soleil.

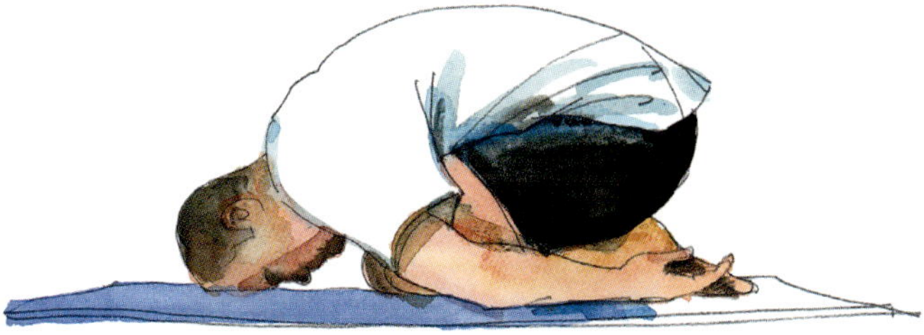

« L'ascension du dragon »

Se recharger en énergie

Ce massage du pied, à faire faire par votre ami(e), a été conçu par David Tran, réflexologue *(voir p. 59)*. Il recharge en énergie : « C'est le dragon qui fait monter toute l'énergie », *dixit* David Tran, sans oublier qu'il « fait revenir les maris infidèles... ». 15 minutes pour chaque pied.

Vous êtes assis, jambes allongées, pieds face à votre masseur(se).

1. On commence à pétrir à l'aide du pouce, en partant du bas du talon et en remontant suivant la ligne médiane du pied : cela donne de l'énergie spirituelle.
2. « Le pied qui dit non est heureux » : à l'aide des deux mains, on fait ballotter le pied de droite à gauche, dans un va-et-vient des chevilles jusqu'aux orteils. Ce mouvement améliore la circulation sanguine.
3. On pétrit et on malaxe le pied à hauteur du diaphragme *(voir carte du pied, p. 56)*. Avec le poing, on pousse et on serre, on tire et on pousse.

Les bienfaits : *spécial anti-stress, ce massage n'a aucune contre-indication et il recharge en énergie vitale. À la fin, vous devez sentir une boule de feu, c'est-à-dire le « feu du dragon ».*

Commencez par le bas du talon et remontez vers les orteils en pétrissant à l'aide du pouce.

Le pied qui dit non.

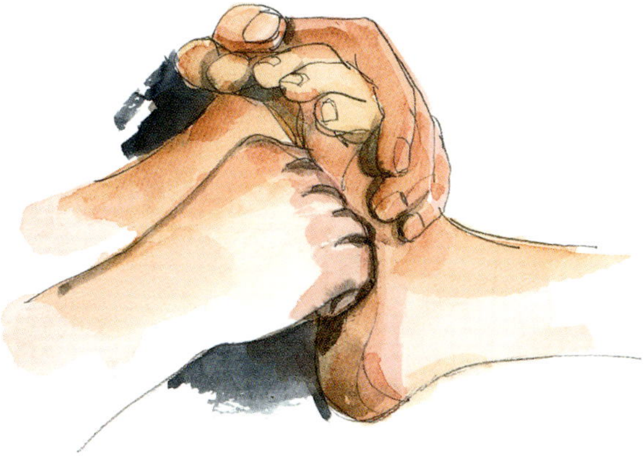

La phytothérapie

Des anti-stress dans votre tasse

On connaît tous la tisane tilleul-menthe proposée les soirs de dîners trop lourds. C'est encore un truc de vieilles filles rangées, pensez-vous ? Il existe cependant d'autres infusions qui ont une action très ciblée sur l'organisme.
Pour Jean-Pierre Hubert, médecin, naturopathe et sophrologue, « notre alimentation est le premier stress. Le stress doit donc se gérer de façon globale : alimentation, habitudes de vie, sommeil, analyse transactionnelle ou toute autre méthode de développement personnel, pour comprendre pourquoi l'on fonctionne comme cela. »
Mais, pour commencer, voici un traitement de choc élaboré par cet adepte des plantes pour un homme d'une trentaine d'années, stressé et outrancier dans ses habitudes de vie... Vous, en quelque sorte.

Le programme
On draine

En d'autres termes, il faut é-li-mi-ner, vider les organes émonctoires (intestins, foie et peau) des toxines contraires à la vie. Facile d'utilisation, efficace rapidement, l'infusion est idéale pour les nuls et les flemmards. Un sachet, de l'eau bouillante, et hop ! Un bol de bien-être à disposition. Notre homme se procurera pour son coup de fouet un mélange de ficus, marjolaine, tilleul et valériane. Une cuillerée à café de ce mélange à prendre matin et soir dans de l'eau bouillante.

On se raisonne

Avant d'adopter une nouvelle hygiène de vie, on supprime les excès évidents, ce qui reposera dans un premier temps l'organisme. Reprenons : un café le matin et c'est tout, du sucre, d'accord, mais non raffiné, du riz et des féculents oui, des légumes évidemment, du poisson gras pour son oméga 3, de la viande rouge pourquoi pas, encore mieux de la viande crue, pas trop de fromages ni de produits laitiers, trop riches à digérer. Et l'on boit sans modération. De l'eau, bien entendu. Quoiqu'un verre de vin n'ait jamais fait de mal, *dixit* le Dr Jean-Pierre Hubert. « Je suis contre le politiquement correct et les régimes draconiens. L'outrance et les extrêmes n'apportent rien. Il faut savoir se faire plaisir, mais le faire en conscience. »

On se relaxe

On se concocte une infusion spéciale relaxation du Dr Jean-Pierre Hubert : pour 1 litre d'eau, 20 g de la partie aérienne de la passiflore, à boire après les 3 repas, particulièrement le soir.

On choisit ses plantes selon ses besoins

Drainage : artichaut, romarin, mélisse.
Mémoire : ginseng, aubépine, passiflore.
Stimulant : racine de badiane, ginseng, valériane.
Régénérateur : chardon.
Relaxation : ortie dioïque, camomille allemande.
Nervosité : aubépine, passiflore, thym, mélisse.
Dépression : millepertuis, romarin.

Bon à savoir *: dans les magasins bio, vous trouverez en gélules de l'huile de bourrache pour la régénération des tissus cutanés, de la lécithine de soja et du pollen pour la mémoire, de la gelée royale pour renforcer les défenses immunitaires, de la prêle reminéralisante et revitalisante.*

Le nez à l'air

L'aromathérapie, c'est quoi ? C'est notre part animale que l'on redécouvre, quand notre odorat nous guidait autant que nos yeux. La preuve, des chercheurs nippons ont démontré que lorsqu'on injectait dans l'air du métro certaines odeurs, le nombre d'agressions chutait. De même, les croissanteries ont bien compris l'intérêt de diffuser des odeurs alléchantes pour activer nos stimuli de faim…

On peut se recréer une ambiance zen chez soi. Bougies, encens, diffuseur rempli d'eau additionnée de quelques gouttes d'essence aromatique… À vous de choisir. Sachez que le tilleul, la fleur d'oranger, la lavande, le cèdre ou les bâtonnets tibétains apportent un petit air de détente.

NO MORE STRESS

On se fait une *power up* ?

Ne dites plus : « Je vais faire une petite sieste », dites : « Je vais faire une *power up* », ce qui, en bon français, se traduit par une « sieste énergétique ». Ce concept qui nous vient des États-Unis a été reconnu bénéfique par des chercheurs américains de l'Institut national de la santé mentale. Dans la foulée, la sieste fait un *come back* d'honneur en redevenant enfin convenable, même aux heures de bureau. Ultra-tendance, on trouve à Bâle, en Suisse, une péniche baptisée le *Bateau du sommeil* avec, à son bord, des cabines luxueuses dotées de matelas et de couettes pour permettre aux cadres surmenés de se reposer une petite demi-heure. À Zurich, toujours en Suisse, même concept où l'on peut, dans des chambres dépouillées, s'offrir, pour 3,50 €, 20 minutes de repos entre midi et 14 heures. À Paris, dans le nouveau spa LaBulleKenzo, on peut « buller » dans une ambiance très *Star Trek* où le cadre stressé vient « piquer un roupillon » sans rendez-vous durant 30 minutes, pour 15 €, avec images, musique et bon matelas, suivi d'un réveil en murmure. « Impossible de sortir », nous assure-t-on. Pour ceux qui n'en ont pas les moyens, la bonne vieille sieste flash de Napoléon, gratuite, reste toujours d'actualité.

Romarin

Chardon

Camomille

Thym

Quand l'élève est

prêt…

Vous avez testé avec succès les astuces et les gestes SOS anti-stress ? La posture du cadavre, la relaxation selon le Dr Schültz, les vertus des tisanes n'ont plus de secrets pour vous ? Vous avez pris conscience du fait que, « à force de tirer sur la corde, le corps se casse » ? Vous acceptez l'idée que vous vous laissez dépasser par vos émotions, en les niant ou en les subissant ? Il est temps de passer aux choses sérieuses et de vous prendre vraiment en main.

Dans la jungle des techniques existantes, nous avons enquêté, testé puis sélectionné les meilleures, les plus faciles d'application, celles qui offrent le meilleur rapport plaisir/efficacité. Entre le bon pour les sens, le bien pour l'être et le mieux pour le corps, à vous de choisir, toujours selon votre emploi du temps et suivant votre désir de changer. En yoga, on dit que « quand l'élève est prêt, le maître apparaît ».

Vous avez 1 semaine ?

« Assez de ce monde de brutes ! Je veux de la douceur. » Direction les centres de massage. Le succès des spas, ces lieux où règnent luxe, calme et volupté, ne relève pas du hasard. Mieux que des instituts de beauté, ils soignent notre besoin de zen, c'est-à-dire une demande globale de beau, de repos, de relaxation, de plaisir et de méditation.

Au cœur de leurs prestations ? La redécouverte du plaisir des sens grâce à un grand oublié de notre société : le toucher. Le massage, si banal dans les cultures asiatiques puisqu'il se pratique en famille, dès le plus jeune âge, a longtemps été associé à des plaisirs érotiques réservés à une clientèle en mal de sensations fortes. Grossière erreur machiste et/ou occidentale. Le réflexe de se palper là où ça fait mal correspond à un geste ancestral. Aujourd'hui, on va se faire masser pour redécouvrir le b-a-ba : nous sommes d'abord un corps. « Pour retrouver un contact, un échange, une écoute, ajoute Jean-François de Righetti, relaxologue, tout ce dont l'époque éprise de vitesse et de performance nous prive. » Au-delà du moment de bien-être que délivre le toucher, les Chinois ont conçu les massages thérapeutiques, il y a plus de 4 500 ans. Ils reposent sur une théorie complexe du souffle vital, le *qi*. L'homme est un élément du cosmos, entre ciel (la tête) et terre (les pieds), qui a un équilibre énergétique propre. Lorsque le *qi* est bloqué apparaît un déséquilibre dans le corps. Plusieurs médecines en découlent : l'acupuncture, bien sûr, mais aussi la réflexologie, le shiatsu, le do-in, entre autres.

Le spa zen de LaBulleKenzo

Tout un programme, le « menu des soins tactiles » avec, à chaque fois, l'état dans lequel on sort : « exaucé », « grisé », « amnésique », « ouaté et cajolé », « en ébriété sensorielle », « illuminé »… Quand le massage touche le spirituel.

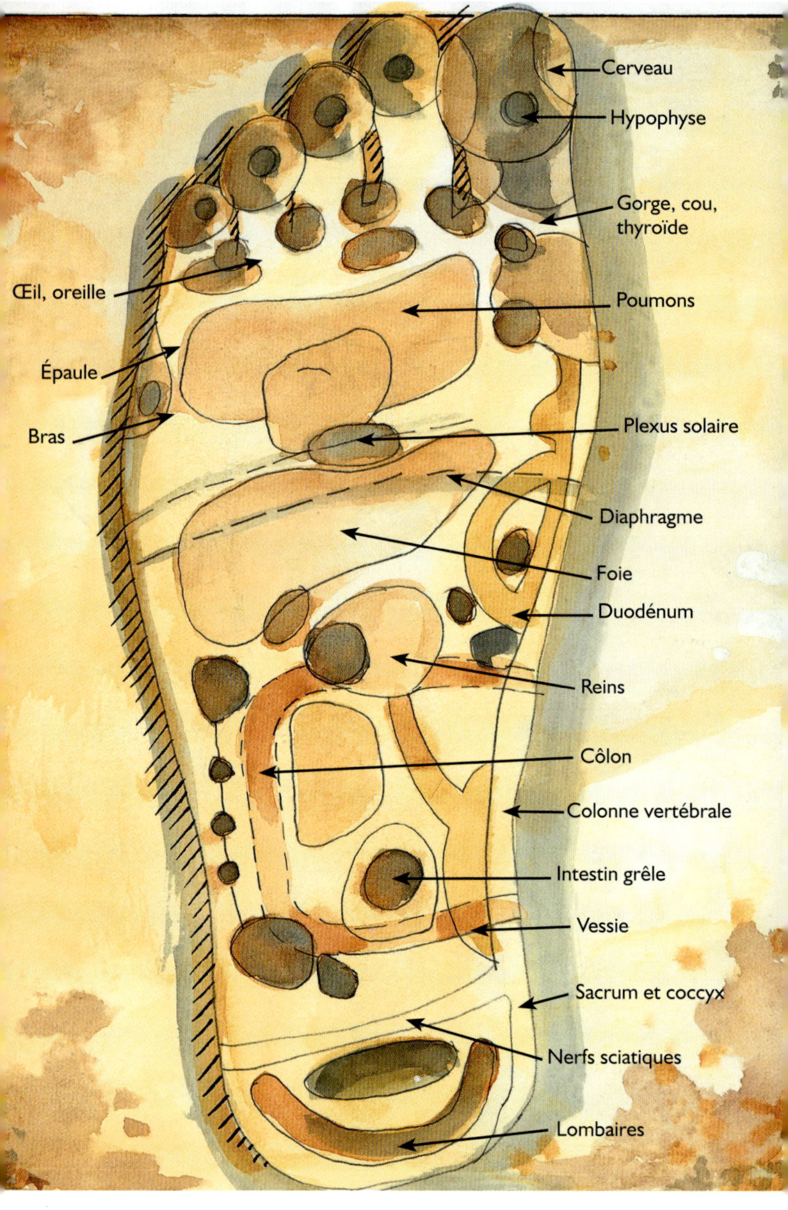

La carte du pied droit selon la tradition chinoise de la réflexologie.

La réflexologie

Quand le pied reflète le corps

La réflexologie plantaire nous vient de la médecine chinoise traditionnelle. « Le pied est le reflet de l'âme », disent les Chinois. Fondée sur la théorie de l'énergie vitale, la réflexologie se définit comme une thérapie holistique : on ne peut soigner le corps qu'en prenant en compte l'esprit, et vice versa, car la personne est un tout. Le praticien ne s'attache donc pas au symptôme mais cherche à soigner la cause du mal-être. Cette technique vise à remettre en circulation le *qi* (prononcer « chi »), et à le rééquilibrer dans toutes les zones du corps pour retrouver l'harmonie vitale. L'objectif ultime est de relancer ses propres défenses naturelles. Cette thérapie donne des résultats particulièrement efficaces sur les problèmes liés au stress (dos, circulation sanguine, transit et sommeil). En une séance, vous pouvez vous débarrasser d'un symptôme gênant, mais comptez au moins deux séances pour vous débarrasser du problème en profondeur, et plus si vous vous attaquez à une habitude de vie, comme la cigarette ou l'usage de somnifères.

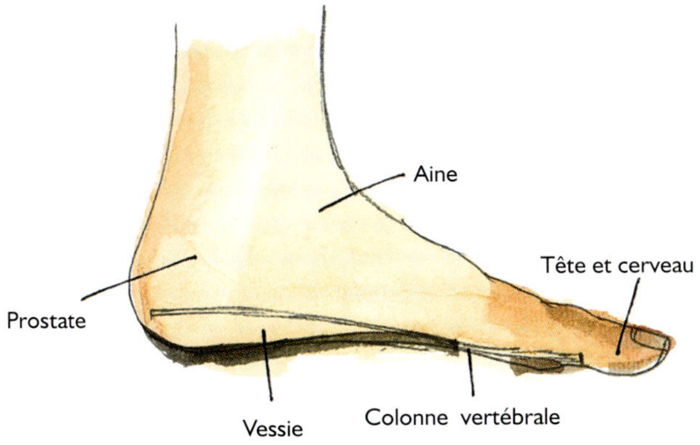

À quoi ressemble une séance ?

Une fois déchaussé, vous vous asseyez dans un fauteuil de relaxation, les pieds face au praticien. La première fois sera consacrée à un bilan. Ne soyez pas déconcerté si, lorsque vous dites être en manque d'énergie, le praticien assure que vous êtes fatigué du foie. Quand il appuiera sur le point réflexe concerné, vous considérerez votre pied autrement. En réflexologie, on travaille sur des points d'acupuncture du pied, soit par pression, soit par effleurage, soit par pétrissage avec les doigts. Il s'agit de drainer les émotions négatives et de les répartir harmonieusement dans le corps. Au toucher, un ressenti désarmant : là où l'on ne sent qu'un léger effleurage, le réflexologue opère avec fermeté.

En général, il faut prévoir une deuxième séance pour affiner le traitement.

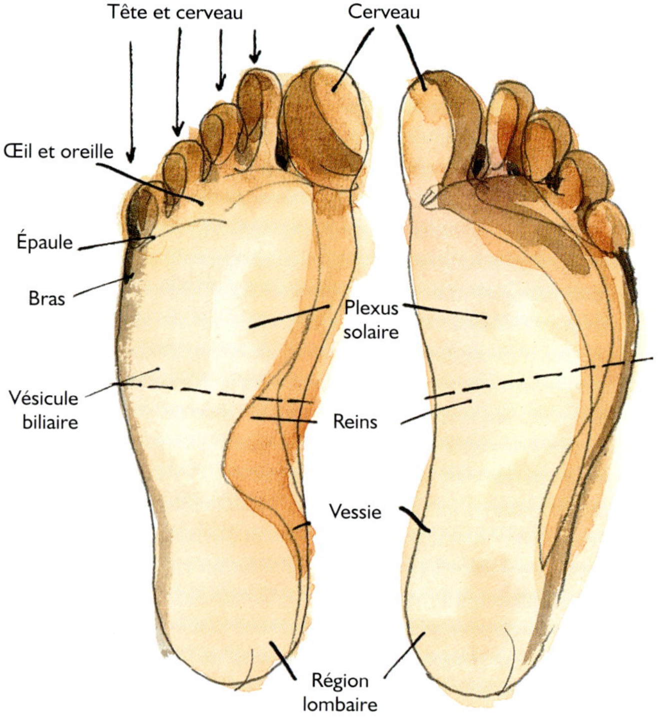

État de sortie : « ouateux », vaporeux, si l'on était très tendu ; « reboosté » à bloc si l'on se sentait trop fatigué.

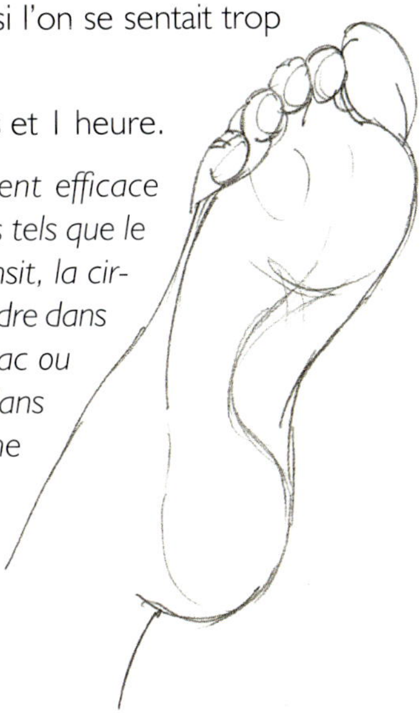

La durée : entre 45 minutes et 1 heure.

Les bienfaits : *particulièrement efficace contre les problèmes de stress tels que le mal de dos, l'insomnie, le transit, la circulation sanguine. À entreprendre dans une démarche d'arrêt du tabac ou pour prendre de la distance dans sa vie. Excellent avant une échéance importante.*

« Transformer l'énergie négative en énergie productive »

David Tran, réflexologue, président de l'Institut franco-chinois de réflexologie, membre de la Fédération française des réflexologues.

« Le stress aigu peut être transformé en énergie productive et positive. En revanche, pour les personnes atteintes de stress chronique, le praticien devra effacer la mémoire du corps, responsable d'un mauvais fonctionnement, et la reprogrammer. Cela nécessite entre 3 et 5 séances pour affiner le traitement. Ensuite, le patient peut s'offrir une séance par semaine en entretien. Là, cette technique a des effets préventifs puisqu'elle relance les défenses auto-immunes. »

Le shiatsu

Pour être à 1 mètre de soi-même

À quoi ressemble une séance ?

Que la séance soit pratiquée à domicile ou dans un centre, vous êtes habillé confortablement, déchaussé, allongé sur un tatami. Vous offrez au praticien soit le ventre, soit le dos. Les shiatsuchis savent que, d'instinct, la partie du corps présentée est celle qui fait mal. « Mais les hommes ont tendance à présenter le dos, une posture de protection dont ils ont du mal à se départir, dit Tatiana Vaes, shiatsuchi. Outre le fait que le dos est un point de stockage des tensions, le toucher est intime, et cela peut faire peur aux hommes de présenter le ventre, plus vulnérable. »

Même principe que la réflexologie : on stimule des points qui manifestent un manque d'énergie et on libère ceux qui en ont accumulé un trop-plein. Le shiatsuchi commence par des étirements, pratique des pressions fermes avec les doigts, des pétrissages musculaires ou des effleurages, et travaille en appui de tout son corps sur les points sensibles. Après être descendu sur les méridiens des jambes et des pieds, il termine toujours par un massage de la tête.

Pour être maître de soi-même... il faut se mettre à 1 mètre de soi-même !...

Le shiatsuchi pratique des pressions qui peuvent être douloureuses lorsque le point sollicité est très noué.

Tous les méridiens du corps sont massés pendant une séance de shiatsu, dont le but est de faire circuler l'énergie sans blocage.

Étirements, pressions, pétrissages et effleurages font partie de la technique du shiatsu.

État de sortie : le corps totalement détendu, le cerveau dans une légère torpeur et, dans la rue, un écran d'ouate entre soi et la réalité.

La durée : entre 1 heure et 1 h 30.

***Les bienfaits** : parce qu'elle travaille sur les causes et non les symptômes, cette technique n'a pas d'effet immédiat, excepté un bien-être physique (ne comptez pas enchaîner un* brain storming *juste après). Question résultats, il faut attendre quelques jours pour juger. À conseiller à ceux qui veulent, au-delà d'une solution immédiate, entreprendre une démarche à plus long terme où l'on apprend à se recentrer et à pratiquer l'incontournable « lâcher prise ». « Il faut être maître de soi-même, et le shiatsu met à 1 mètre de soi-même », résume Tatiana. Il faut donc être prêt, messieurs, à se laisser toucher sans sursauter, sans se tordre nerveusement de rire, et accepter d'être manipulé par le shiatsuchi (placé au-dessus de vous) sans penser qu'on vous fait des avances.*

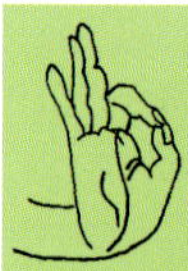

« Avant une décision importante »

Bertrand, 30 ans, photographe.

« Je suis assez sportif puisque je pratique le tennis et le footing qui sont des moyens de me défouler. Mais je suis devenu adepte de cette technique qui me rend super cool. La première fois que j'ai reçu un shiatsu, j'ai été surpris : je m'attendais à un massage. En fait, ce sont des pressions qui peuvent même être douloureuses, parfois. C'est un rendez-vous avec soi où il n'y a pas de compétition. Je conseillerais de faire un shiatsu avant de prendre des décisions importantes. »

Le massage ayurvédique

Contre les « parkings du stress »

À quoi ressemble une séance ?

C'est la version indienne du massage chinois, le plaisir des sens en plus. L'ayurvéda (de *ayur*, « la science, l'art », et *veda*, « la vie ») est une science traditionnelle indienne fondée sur l'énergie vitale. Elle se pratique de façon préventive, avant tout comme un art de vivre. Son but est de retrouver un équilibre harmonieux originel.

Ici, l'énergie se nomme *prana* ; le praticien la fait descendre ou remonter suivant le niveau du patient. « Chacun est contrôlé par les 5 éléments (Air, Feu, Eau, Terre, Éther), et chaque élément est relié à des organes précis », explique Sandrine, du centre de massage Tapovan, à Paris (France).

Le praticien utilise des huiles ayurvédiques sélectionnées en fonction du problème du patient. En sous-vêtements, couvert d'un drap de massage, vous recevez l'*abyanga*, un massage du corps qui élimine les tensions sur ce qu'on appelle les 4 « parkings du stress » : le dos (stress quotidien), le ventre (jalousie), la poitrine (émotions qui oppressent) et les fessiers (stress sur lequel on est assis). Dans une ambiance tamisée, le silence et les parfums d'encens – on se relaxe aussi avec son odorat –, vous recevez un massage qui fait appel d'abord au plaisir.

État de sortie : détendu, version « le monde est amour ».

La durée : 50 minutes… seulement.

Les bienfaits *: le néophyte n'a qu'une envie, reprendre rendez-vous illico pour le lendemain. Hormis le prix de ce moment de béatitude, il faut bien avouer que les effets s'évaporent au fil du jour suivant. Mais l'effet de dépendance est tel qu'on y revient. C'est un rendez-vous avec soi-même. « L'idéal, précise Sandrine, est de débuter avec 3 massages, pour rééquilibrer le corps, puis 1 par mois pour s'entretenir. »*

Le kansu, ou massage au bol

Muni d'un bol en cuivre – le *kansu* – et de *ghee* (prononcer « guy ») – du beurre filtré –, le praticien enduit de beurre le pied du patient et, avec le dos du bol, tourne autour de la plante des pieds. Cette technique agit sur le « feu » du patient grâce à l'alchimie du cuivre et du *ghee*. C'est un massage familial, destiné à lutter contre le stress, à raison de 20 minutes sur chaque voûte plantaire. On finit par un petit massage des pieds.

Vous avez 1 mois ?

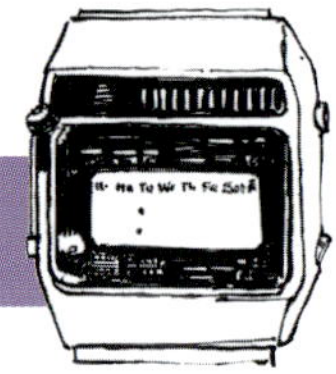

Vous abordez les rivages d'une nouvelle façon de vivre. À ce stade, vous avez pris conscience de ce qui faisait déséquilibre dans votre vie, de ce dont vous aviez envie, désormais. Un désir de renouvellement, de rupture avec votre fonctionnement passé.

Il s'agit ici de vous prendre en charge. On ne parle plus de recettes miracles, mais de changements de chemins dans votre mode de vie : arrêter de fumer, de stresser, retrouver le sommeil, la pêche, un mieux-être corporel ;

dans vos rapports aux autres : gérer vos émotions, résoudre vos problèmes au travail, renouer le dialogue avec votre femme ; et dans votre façon d'être : vous (re)trouver, apprendre à maîtriser vos émotions, prendre un nouvel élan. Attention, grands travaux en perspective !

Le sport, oxygène de l'esprit

Programme de remise en forme en 3 temps

Vous connaissez tous les effets bénéfiques du sport ? Un bon vieux squash, une bonne sudation, et c'est reparti ? Masculine erreur ! Quand on est tendu, on évite les sports agressifs, qui ajoutent des tensions là où le corps est déjà douloureux. Et tensions + tensions = le corps à zéro.

1. Effectuer un check-up : pour les sédentaires et les inactifs, il faut d'abord vérifier chez son médecin qu'il n'y a pas de pathologie sous-jacente que le sport pourrait aggraver. Dans un centre de cardiologie, on les soumet à un électrocardiogramme d'efforts pour mesurer leur fréquence cardiaque maximum théorique. Cet examen est surtout destiné aux hommes qui ont fait beaucoup de sport dans leur jeunesse et qui, après un arrêt de plusieurs années, croient pouvoir retrouver les performances de leurs 20 ans juste parce qu'ils ont un nouveau « survêt » et un vélo « 40 vitesses ».

2. Commencer tout doux en durée et en intensité : d'abord, 15 à 20 minutes en prenant soin de s'étirer après l'effort. À faire plutôt 3 fois par semaine que 3 heures en 1 seule fois ! On mesure à la fin de la séance ses pulsations : entre 30 et 45 ans, vous devriez « pulser » à 150 par minute.

3. Monter en puissance sur la durée : 25 à 30 minutes, 2 ou 3 fois par semaine. La fréquence cardiaque au repos doit normalement baisser par rapport à la première phase.

Les bienfaits : *normalement, au bout d'un mois de ce régime, vous commencez à voir les effets bénéfiques sur votre corps qui se remuscle, se regalbe, et sur votre capacité respiratoire qui augmente. L'exercice physique devient l'oxygène indispensable pour se « vider la tête ». Halte toutefois aux légendes : on ne fabrique pas d'endorphine, la fameuse « molécule du bonheur » dont tous les sportifs parlent, après un footing de 30 minutes en (toutes) petites foulées. Selon les spécialistes, cette précieuse hormone intervient quand l'effort se prolonge des heures. Dans des semi-marathons, par exemple... En revanche, lors des séances hebdomadaires, le corps est drainé et oxygéné. Et c'est bien l'effet recherché.*

« En vélo, la sensation d'être libre »

Hervé, 38 ans, haut fonctionnaire dans un cabinet ministériel.

« Comme je suis enfermé au bureau toute la journée de 9 heures à 23 heures, j'ai choisi d'aller en vélo à mon ministère. C'est une façon de préserver mon équilibre et ça m'a changé la vie. Je me dépense physiquement et, surtout, j'ai la sensation d'être libre et de m'arrêter où je veux, quand je veux, en dehors de tout souci d'embouteillage. Pendant les trajets, je débranche, au sens propre comme au figuré. »

L'aviron est un sport complet : il fait travailler bras, cuisses et dos dans un effort continu qui oxygène le corps.

« Privilégiez les sports d'endurance »

Dr Frédéric Taousse, médecin de l'équipe de France d'athlétisme.

« Quand on fait un effort d'endurance, le métabolisme d'aérobie intervient. L'oxygène et le sucre sont les combustibles du muscle. Le corps va donc épuiser ses réserves de sucre avant de puiser de l'énergie dans les graisses. C'est pourquoi le sport est avant tout une bonne hygiène de vie avant d'être, par exemple, un moyen de maigrir. La natation, le jogging et le vélo sont des sports d'endurance à privilégier, car ils sont bons pour le cœur. La natation permet, grâce à l'eau, un travail musculaire global sans contrainte articulaire. Avec ses mouvements amples, le dos crawlé étire et fait travailler tout le corps. Le jogging muscle la partie postérieure et les quadriceps, mais peut agresser les articulations. Le vélo est moins traumatisant au niveau articulaire et fait travailler les quadriceps et les bras. Le meilleur à mes yeux reste l'aviron, qu'on a tendance à oublier. On est assis, ce qui n'est pas traumatisant pour les articulations, et on fait travailler bras, cuisses et dos. »

« Les arts martiaux pour l'énergie »

Patrick, 41 ans, militaire,
ancien responsable au sein des forces spéciales.

« Tous les militaires doivent être physiquement opérationnels. Quand j'étais en unité, sur le terrain, je faisais 2 heures de sport par jour. J'ai fait beaucoup de sports de combat, du *self-defense*, de la boxe, du karaté. Et en plus du VTT, de la natation et du grimper de corde. C'était un moyen d'évacuer les tensions professionnelles et personnelles, et de canaliser mon énergie. Mais cet entraînement permanent nous permettait aussi de nous adapter, lors des opérations extérieures, à toutes les situations par définition stressantes, et donc de gérer au mieux les phases de stress. Aujourd'hui, je dirais que les arts martiaux m'ont appris, plus qu'à me défouler, à me recharger en énergie. »

Le qi gong

La force tranquille

Certains disent qu'il s'agit d'une gymnastique de l'énergie. Pour Yves Réquéna, professeur de qi gong (prononcer « chi kong »), il s'agit, comme le yoga, « d'un art gymnique, d'une gestuelle qui réunit les principes contraires du yin et du yang ». C'est une danse au ralenti dont le but est de donner un supplément d'énergie vitale et de la faire circuler dans le corps selon les méridiens d'acupuncture. Au-delà, il s'agit de ne plus se laisser troubler par ses émotions et d'arriver à un état de « force tranquille ». En France, la fédération dénombre 5 000 licenciés, mais c'est sans compter les cours donnés au sein des entreprises ou des écoles, les cours de danse, de chant et d'arts martiaux.

Tigre et dragon se croisent…

À quoi ressemble une séance ?

En tenue confortable, on fait un échauffement musculaire des articulations : lentement, en ayant bien conscience du ressenti des articulations. Puis on enchaîne des mouvements aux noms chantants : « Le phénix ouvre ses ailes », « L'hirondelle pourpre vole très haut dans le ciel », « Tigre et dragon se croisent », « L'aigle ouvre ses ailes »… On ne fait pas appel à la force physique mais à l'endurance. « Je travaille avec des footballeurs professionnels, pourtant de véritables athlètes, raconte Yves Réquéna, qui n'arrivent pas à tenir une demi-heure une posture. » On finit par une respiration par le ventre, siège de l'énergie vitale. D'après le maître du *qi*, « on doit sentir une boule de feu dans le bas-ventre ou une lumière entre les sourcils : c'est le courant d'énergie qui monte ». *Sic*.

Le phénix ouvre ses ailes…

L'aigle ouvre ses ailes…

État de sortie : en état de relaxation musculaire physique et mentale. On a la sensation d'habiter son corps, la respiration est subtile, les mouvements sont ralentis. On prend de la distance par rapport à ses émotions. On part moins « au quart de tour ».

La durée : 1 heure.

Les bienfaits : *anti-stress par excellence. À terme, d'après notre maître en qi gong, le but est d'atteindre le zen avec la maîtrise de son corps et la circulation de l'énergie, sans effort intellectuel particulier. Après plusieurs séances, l'énergie, la récupération physique, la concentration et, pour certains, l'énergie sexuelle sont décuplées. « Avoir le qi », disaient les samouraïs !*

Les stages anti-stress

Le mental apprivoisé

Il y en a aujourd'hui pléthore, spécialisés dans la gestion du stress en entreprise – comme l'Institut français du stress et de l'anxiété (IFSA), Stimulus, l'Assistance européenne de santé ou la Cegos – ou dans une approche de développement personnel – comme le Dôjô, à Paris (France).

Ils proposent des stages de quelques jours à une semaine, voire des accompagnements personnalisés qui s'envisagent sur plusieurs mois. Chacun a sa méthode, mais tous s'appuient sur des techniques psy, de relaxation ou de communication, et n'hésitent pas à allier les unes aux autres : la sophrologie, la PNL (programmation neurolinguistique), l'analyse transactionnelle, la thérapie comportementale et cognitive, l'hypnose. Des noms barbares auxquels viennent s'ajouter, depuis la fin des années 1990, le coaching.

Thérapie ou développement personnel ?

C'est bien là le problème, la frontière est floue. Entre soigner une anxiété en proposant un autre comportement et aider une personne à y voir plus clair, le pas de la thérapie est vite franchi. Ce guide s'arrête là où commence la psychothérapie et la psychanalyse.

Ce que vous y apprendrez

Les stages répondent à des questions précises : comment prendre la parole en public, gérer ses émotions, négocier ou apprendre à dire non, savoir dire sa colère, gérer les conflits, travailler sur sa dynamique émotionnelle, etc. Les techniques employées dans une démarche plus longue peuvent vous apporter une meilleure connaissance de vous-même. Mais ne leur demandez pas l'impossible : si vous voulez tuer le père ou couper le cordon avec maman, si vous vous sentez vraiment déprimé, seule une prise en charge par un psy vous aidera, soit en psychothérapie, soit en psychanalyse.

Pour vous y retrouver, voici un rapide tour d'horizon des techniques qui peuvent vous aider. Elles ont fait leurs preuves sur des symptômes identifiés et des demandes claires. Difficile, à ce stade, de privilégier une méthode plutôt qu'une autre quand tout dépend de la relation que vous allez instaurer avec votre mentor « développeur personnel ».

« Les hommes ont désappris à sentir »

Aliette de Panafieu, psychothérapeute.

« Dans mon association L'Affaire d'une vie, je travaille avec des groupes sur la colère. À leur demande, j'ai créé un groupe sur la « rage » pour les hommes. J'ai remarqué qu'ils étaient victimes de modèles culturels et qu'ils n'arrivaient pas à exprimer leurs sentiments avec la même aisance que les femmes. Ils ont désappris à sentir. Ils ne s'autorisent pas à pleurer, sont conditionnés par plein d'interdits, notamment celui de s'exprimer. Le principe du groupe est de leur permettre d'accepter, de laisser venir puis de traverser cette rage archaïque. Les séances durent 24 heures non-stop.

Pendant ce temps, ils vont suivre le cheminement que je leur propose. Au début, il y a beaucoup de résistances de leur part. Mais avec la fatigue physique, les barrières psychologiques tombent. J'ai mis par exemple en place une procédure où ils vont pouvoir sortir leur rage avec une raquette qu'ils tapent sur un matelas. Avec ce groupe, je valorise le sentiment d'appartenance. En effet, à l'extérieur, les hommes sont en manque d'appartenance. Je leur propose de s'affirmer, de lâcher leur agressivité. Tant que cela passe par les mots, cette émotion est une énergie en mouvement. Si cette rage n'est pas dite, on tombe dans la violence. À la fin, les visages changent, ils ont un meilleur sommeil, ont réorganisé leurs priorités. On peut changer et acquérir de l'assurance, mais il faut en accepter le prix : la rencontre et la disponibilité. »

La PNL, la communication positive

« Une approche de modélisation du comportement humain », selon la définition de Jane Turner, psychothérapeute didacticielle en programmation neurolinguistique (PNL).

Les bienfaits : *cet outil de communication permet de déprogrammer nos micro-comportements et de les reprogrammer en surmontant les difficultés. En cas de problèmes de communication, la PNL permet d'obtenir une synchronisation avec son interlocuteur en se mettant au diapason avec lui.*

Savoir dire non

C'est la base de toute stratégie anti-stress. Cet exercice proposé lors des sessions de stage de Gérard Vasselin, consultant en formation, spécialiste en PNL, analyse transactionnelle et sophro-relaxation, fait travailler les participants sur l'assertivité, mot savant qui signifie « affirmation de soi ». Le « non » en est la pierre angulaire. Savoir résister à la pression s'apprend :

1. **Le disque rayé :** lorsqu'on est harcelé par un VRP, on exprime clairement son refus sur un ton neutre : « J'entends bien mais ce n'est pas possible », « Je n'en ai pas envie », « Je ne suis pas intéressé », et on répète sans se départir de son calme sur le même ton, comme un disque rayé.

2. **L'accord passif :** lorsqu'on est accusé, critiqué, culpabilisé pour un vrai motif, on répond, sans jamais se justifier : « C'est exact », « C'est vrai », « C'est bien possible ».

3. **Pris entre deux feux :** en tête à tête, sans témoin, on formule son désaccord sur-le-champ, on explicite et on enchaîne avec une demande. Le principe est de dissocier le reproche (l'objet) de l'interlocuteur (personnel).

Exemple : *un chef de service abuse de la gentillesse d'un de ses collaborateurs. « Vous m'avez demandé à plusieurs reprises… » (les faits). « Cela me gêne parce que… » (ce que je ressens, ce que cela provoque). « Pourriez-vous à l'avenir… (une demande claire) pour conserver nos bonnes relations » (fin positive).*

La sophrologie, respirez utile

Cette technique aide à positiver les événements, à gérer les situations de stress, le surmenage et l'anxiété par des exercices de respiration et de visualisation du problème. Elle est utilisée en milieu médical.

Durée : 1 heure.

Les bienfaits *: une thérapie brève, entre 3 et 5 séances pour guérir un état de stress précis.*

L'analyse transactionnelle, aux sources du stress

Cette technique permet d'identifier ce qui relève du stress exogène (dû à l'environnement) du stress endogène (dû à soi-même). Ce travail accompagné par un formateur aide à décrypter nos programmes personnels inscrits depuis l'enfance et responsables de nos difficultés. On apprend à distinguer son « moi-parent », son « moi-enfant » et son « moi-adulte ».

Les bienfaits *: cet autodiagnostic permet de débloquer des comportements négatifs.*

L'hypnose, débloquez votre inconscient

Cette technique, particulièrement adaptée pour lutter contre des habitudes psychosomatiques, agit sur le comportement. « Recommandée pour aider le sujet à expérimenter des changements de comportement », selon Jane Turner, du Dôjô, l'hypnose est efficace sur des habitudes physiologiques (arrêter de fumer) et psychologiques (débloquer des représentations conscientes ou inconscientes).

Les bienfaits *: il suffit de peu de séances pour obtenir un résultat.*

Identifiez vos injonctions parentales

Voici l'un des exercices d'analyse transactionnelle que propose Gérard Vasselin : « Les messages parentaux nous ont bien souvent construits de façon contraignante, en nous donnant des attributions qui expliquent notre comportement d'adulte. L'idée est de prendre conscience de certaines croyances qui nous font fabriquer du stress. »

Parmi ces 6 injonctions parentales, laquelle vous correspond ?

- **On ne peut jamais compter sur toi, tu n'es pas fiable !**
  - ➔ Le sujet aura un comportement d'échec face à ses objectifs.
- **Dépêche-toi !**
  - ➔ Le sujet se bat constamment contre la montre.
- **Sois parfait !**
  - ➔ Il se met une pression d'enfer.
- **Sois fort !**
  - ➔ Il met un point d'honneur à se débrouiller tout seul, en serrant les dents, et n'a pas droit aux états d'âme.
- **Fais-nous plaisir !**
  - ➔ Il ne sait pas dire non, il est surchargé, trop dévoué.
- **Fais un effort !**
  - ➔ Il dépense toute son énergie dans une tâche, selon la croyance qu'il faut « en baver ». Donc, il travaille sans cesse.

La communication non violente (CNV)

Inventée par l'Américain Marshall Rosenberg, cette méthode de communication non violente définit 2 types de communication : le « parler chacal » et le « parler girafe ». Le chacal aboie, hurle, interprète, crée des conflits, manipule. La girafe a un parler doux, un langage du cœur, observe sans juger, exprime ses sentiments sans rendre l'autre responsable de ses mésaventures. Apprendre cette technique permet de désamorcer l'agressivité verbale et de formuler des demandes authentiques.

Apprenez à parler girafe

Différenciez le chacal qui :

- **juge** : « Tu es idiot. »
- **se culpabilise** : « Je suis nul. »
- **instaure un chantage** : « Si tu ne fais pas… »
- **culpabilise et instaure un rapport de force** : « Comment, vous n'étiez pas au courant de ça ?! »

de la girafe qui :

- **relativise** : « Je me suis trompé, ça arrive à tout le monde. »
- **n'accuse pas** : « J'ai le sentiment que… »
- **exprime ses sentiments** : « Lorsque vous dites que…, je ressens… »
- **n'impose pas mais propose le choix** : « Comment vois-tu la situation ? »

*Je me suis trompée,
ça arrive à tout le monde…*

Les bienfaits : *la CNV apprend à développer une clarté par rapport à ce que nous vivons, à ce que nous voulons et à ce que nous disons. Elle permet une écoute active avec la reformulation des propos de l'autre, mais surtout elle aide à désamorcer et à transformer l'agressivité et la colère, pour gérer les conflits en recherchant la satisfaction de toutes les parties en cause. On apprend à dire non, à accepter un refus et à sortir du silence, bref, on diminue son stress dans ses relations aux autres.*

Pratiquez l'aïkido verbal

Inspirée du principe des arts martiaux asiatiques, cette technique de communication permet d'utiliser l'agressivité de son interlocuteur et de la retourner contre lui-même. « Quand on vous pousse, tirez, quand on vous tire, poussez, résume Gérard Vasselin. Si on vous attaque : acceptez d'abord (ne jamais réagir dans l'instant, dans la contre-attaque immédiate), réorientez puis affirmez. »

Exemples :

- **Dans une réunion, un collègue lance :** « Ton projet, ça ne marchera jamais ! »
  → **Réponse aïkido :** « En effet, ce n'est pas garanti à 100 %. Mais quelle est ton idée à toi ? »
- **Remarque machiste :** « Vous, les femmes, vous êtes bien toutes les mêmes. »
  → **Réponse aïkido :** « Merci de l'avoir remarqué. Ceci posé, qu'est-ce qui te préoccupe ? »
- « Vous êtes trop jeune pour comprendre. »
  → **Réponse aïkido :** « Je ne peux en effet pas être plus vieux (vieille) que mon âge. Qu'y a-t-il à comprendre ? »
- « C'est inadmissible, vous êtes un(e) incapable ! »
  → **Réponse aïkido :** « Monsieur, est-ce que vous avez décidé de me sacrifier tout de suite ou me laissez-vous une chance ? »

Le coaching, un allié pour vous aider

Cette technique se définit comme « l'accompagnement limité dans le temps de personnes ou d'équipes pour le développement de leurs potentiels et de leur savoir-faire dans le cadre d'objectifs professionnels ou privés », selon la Société française de coaching (SFC). En France, on compte, selon la SFC, entre 1 800 et 2 000 coachs, et 44 % des entreprises auraient recours à un coach pour optimiser le potentiel de leurs dirigeants et de leurs équipes. En 2002, le chiffre d'affaires généré s'élevait à 100 millions d'euros pour le seul marché français, avec une croissance de 15 % à 20 % par an.

Le coaching, qui répond à une demande précise de changement ou d'apprentissage, a été récupéré par la mode du développement personnel. De « manager votre équipe de travail », on est passé à des objectifs de vie : « Je veux réussir à nouer une vraie relation. » Le *personal* ou le *live coaching* (« coaching de vie ») est promis à un bel avenir.

À quoi ressemble une séance ?

« Nous faisons un bilan avec la personne pour identifier sa demande, explique Jane Turner. Au bout de 2 ou 3 séances, on définit un projet et une stratégie. » Le coaching prend fin dès que le sujet a atteint son objectif, ce qui peut prendre du temps.

Les bienfaits : *concrète, cette démarche est rapide et précisément adaptée à sa recherche. Le travail thérapeutique, s'il est nécessaire, dépend alors de la formation de l'accompagnateur. « Avec le coaching, on vient chercher un nouvel élan », résume Jane Turner.*

cool

Alors, heureux ? Pour une fois, c'est à vous qu'on pose la question. Ce guide se veut votre compagnon de route vers un mieux-être au quotidien. Si, après toutes les astuces et les pistes que l'on vous a données, vous répondez « oui », ce guide aura réussi à vous faire prendre conscience que le bien-être est à portée de main… Il n'y a rien de plus mauvais que de ruminer ses frustrations, sa colère et ses angoisses. Alors, exprimez-vous, exprimez-les à votre façon. Vous avez mille possibilités de le faire. Et si vous vous sentez toujours inapte, si vous pensez encore que se faire du bien entame votre virilité ou que « la "parlote", c'est bon pour les bonnes femmes », sachez que, d'après une étude américaine, les risques cardio-vasculaires sont 3 fois plus importants chez les individus qui remâchent leurs sentiments d'hostilité.
Ça mérite de se prendre en main, non ?

Sources et bibliographie

Quelques sources pour les chiffres

• Ranno J.-P., « Santé mentale et stress au travail – la gestion des ressources humaines – un défi de taille », Sun Life Lté., Montréal, 2000.

• Mercer, société conseil, « Gestion de la présence au travail – enquête comparative sur le coût des absences », Mercer Lté., Montréal, 2000 (voir aussi www.conferences.mercer.ca).

• Watson Wyatt Lté., « La saine gestion de l'invalidité : un choix logique et rentable », Watson Wyatt Lté., Montréal, 2000 (voir aussi www.watsonwyatt.com).

• www.inrs.fr : le site de l'Institut national de recherche et de sécurité pour la prévention des accidents du travail et des maladies professionnelles.

• www.pfizer.ca : le site des laboratoires Pfizer.

• www.europa.eu.int : le site de la communauté européenne, commission emploi et affaires sociales.

Les fédérations

Le yoga : www.cliou.com.

La réflexologie : Fédération française des réflexologues, www.reflexologues.fr.

Institut franco-chinois de réflexologie, www.marycat.free.fr/reflexo.html.

Le shiatsu : Fédération française de shiatsu traditionnel (FFST), www.shiatsu.asso.fr ou www.ffst.fr.

L'ayurvéda : Centre de yoga et d'ayurvéda, www.tapovan.com.

La sophrologie : École des hautes études en sophrologie, www.sophrovie.asso.nc.

Antenne de la sophrologie, sophrologie caycedienne, site officiel de la sophrologie, de l'hypnose ericksonienne et de la gestion du stress, www.sophrologie.com.

Le qi gong : Institut européen de qi gong et d'art énergétique, www.ieqg.com.

Le coaching : Société française de coaching, www.sfcoach.org.

Fédération francophone de coaching, www.ffcoaching.org.

Le Dôjô : Institut de développement personnel et professionnel, www.le-dojo.com.

La communication non violente (CNV) : www.nvc-europe.org.

Les livres

Vivre sans stress, Dr Laurent Chneiweiss et Dr Eric Tanneau, Le Cavalier Bleu Pratique, 2002.

La Ligne du temps, Jane Turner, InterEditions, 2003.

Le Bien-être au bout des doigts, Clare Maxwell-Hudson, Hachette Pratique, 1999.

Initiation au shiatsu traditionnel, Hervé Eugène, éditions Chiron, 2003.

Rire pour vivre, les bienfaits de l'humour sur notre santé et notre quotidien, Bernard Raquin, éditions Dangles, 2001.

Remerciements

Ce guide n'aurait pas eu la même saveur si je n'avais rencontré des personnalités qui ont donné autant d'elles-mêmes que de leur temps.

Merci à la disponibilité sans faille de David Tran, réflexologue (président de l'Institut franco-chinois de réflexologie, membre de la Fédération française des réflexologues),

à la générosité de Jean-François de Righetti, relaxologue et maître de yoga,

à la gentillesse des shiatsuchis de la FFST (Fédération française de shiatsu traditionnel),

à l'enthousiasme de Yves Réquéna, maître qi gong à la Fédération française,

à l'esprit de coopération d'un maître en communication, Gérard Vasselin, formateur au cabinet de formation l'ARCC (Animation recherche communication conseil),

et à la bienveillance du Dr Jean-Pierre Hubert, naturopathe, et de Jane Turner, psychothérapeute didacticielle en PNL et hypnose ericksonienne, coach au Dôjô, membre de la Fédération française de développement personnel.

Merci également à tous ces stressés qui se soignent et qui ont bien voulu partager leur expérience dans un grand élan solidaire en prenant sur leur temps personnel et familial précieux.

Enfin, merci à Alain Bouldouyre, illustrateur fameux, joyeux cobaye et nouveau converti, qui m'a permis de jauger en direct de la résistance et du scepticisme masculin dès qu'il s'agit de bien-être.